*Gracias por la compra de este libro
Si me quiere ayudar en la tarea de difundir esta obra,
le agradecería el dejarme una valoración en Amazon.*

*Esto ayudará a posicionarse y a que otros
puedan acceder a este libro.*

*Si lo desea, puede subscribirse a mi lista de correo para obtener
novedades, nuevos lanzamientos y ofertas exclusivas.*

Unirme: *https://bit.ly/3oGmntS*

Un cordial saludo,

J.P.Salvini

WALLSTREETBETS

*¡Todo lo que necesitas saber
sobre el foro de Reddit que
ha provocado revalorizaciones
en bolsa del 6000%!*

No es un misterio que el poder y la influencia que tiene el mundo digital sobre los distintos mercados es cada vez mayor. Pues, aunque parezca ingenuo pensar que un grupo de inversores jóvenes realizando apuestas en línea pueden llegar a causar cambios significativos en la bolsa de valores, hoy es una realidad.

Estos jóvenes inversores han utilizado esta plataforma para especular con acciones de la bolsa de Wall Street y encontrar debilidades en el mercado o en algún producto financiero. Es así como han logrado hacer historia al conseguir que las acciones de GameStop subieran en un 92.71%, lo cual llevó a que esta empresa se revalorizara en un impresionante 41% en el mercado.

Es así como se demuestra que el internet puede llegar a influenciar la economía de países e incluso del mundo. Pues, gracias a este foro fundado en 2012, y del cual más de 2.9 millones de personas son miembros, se ha logrado una hazaña que antes se creía imposible. Pues, estos inversores han logrado tener un asiento en la mesa de la bolsa de valores, los cuales solían ser reservados para unos pocos privilegiados.

¿Cómo inició WallStreetBets?

Aunque es un nombre que se ha escuchado bastante recientemente, este espacio en línea fue creado hace ya bastante tiempo. Pues, desde el 2012 esta comunidad de apuestas ha estado presente en línea y ha ido en alza de forma progresiva. Cambiando la forma en la que se maneja la bolsa de valores. Pues aunque antes eran solo los grandes actores quienes influenciaban las acciones cotizadas en dicha bolsa, ahora estos nuevos actores pueden determinar el alza o la baja de distintos precios.

Pero ¿Cuál es el objetivo de estos jóvenes inversores? Si echas un vistazo al subreddit de WallStreetBets, podrás encontrarte con una comunidad cuyo lenguaje parece bastante crudo y aburrido. Aunque ellos mismos se tildan de ignorantes con respecto a la bolsa de valores, al mirar más de cerca podrás encontrar una comunidad coherente de personas con ideas parecidas.

Este foro inició como una comunidad para hablar de inversiones de alto riesgo y para que la gente ganara dinero a corto plazo en base a sus ingresos disponibles. Por años, fue una comunidad bastante pequeña, pues apenas lograron alcanzar los 100.000 suscriptores en el año 2017. Aunque no habían encontrado aún su identidad, su mentalidad fue moldeándose y formándose hasta ser lo que es hoy. Pues, hoy en día existen millones de suscriptores en este subreddit, los cuales hablan abiertamente sobre sus ganancias, pérdidas y sus experiencias como inversores primerizos.

Su principal objetivo es hacer que ganen dinero los menos poderosos y por fin dejar de lado los *hedge funds.* Este término se traduce de forma literal a: "fondo de cobertura", sin embargo no hay una definición universalmente aceptada de este término, pues se refiere a una serie de vehículos de inversión con características muy diversas. En el caso de GameStop, el poder de compra se encontraba reservado a los *hedge funds*, hasta que gracias a WallStreet-Bets puso ese poder en manos de la gente.

Las polémicas que han causado que WallStreetBets se conviertan en una tendencia en la actualidad

Aunque al principio era una comunidad poco conocida, con el paso de los años, mucha polémica se fue asociando a este foro en línea, primero, la salida de su creador Jaime Rogozinski, el cual fue eliminado como moderador después de que se descubrió que intentaba vender los derechos del subreddit al True Trading Group.

Luego, a mediados del año 2020, las constantes publicaciones sobre los retornos con las operaciones de Tesla y las llamadas "acciones meme", crearon una nueva fiebre del oro. Pues, estas acciones no obedecen a ningún sistema de métrica tradicional, simplemente se ponen de moda en internet, lo cual llamó la atención de muchos.

Para finales del año 2020, existían aproximadamente 1,8 millones de personas suscritas a este foro. Las cuales compartían sus capturas de pantalla de la app Robinhood, la cual es una de las más populares actualmente para realizar inversiones. Este ascenso lento de la plataforma, sumado a la gran inestabilidad financiera que se vive en tiempos de pandemia, hizo que este subreddit ganara popularidad de una forma casi explosiva.

En pocos días, ganó más de dos millones de suscriptores y en un solo día, se registraron más comentarios y publicaciones en la historia, según las estadísticas de Reddit. Pues, después de lograr que las acciones de GameStop se dispararan de forma estratosférica, cada vez son más las personas que quieren formar parte de este nuevo método de inversión y de esta comunidad de apostadores.

Pues, luego de que decidieran rebelarse contra los inversores bajistas de Wall Street, consiguieron poner en funcionamiento una estrategia que logró demostrar cómo funcionaba a bolsa de forma especulativa. Ya que, comenzaron a comprar de manera masiva las acciones de esta compañía de videojuegos con el objetivo de que éstas subieran de valor. Frustrando así los planes de los grandes fondos de inversión bajista de obtener beneficios de la caída de dicha empresa.

Sin embargo, estas no son las únicas noticias en las cuáles nadan los moderadores y miembros de este foro. Pues, recientemente, la plataforma Discord eliminó el canal del foro bajo el argumento de que se había permitido contenido de odio y discriminatorio, a pesar de las advertencias y las políticas de la plataforma. Sus moderadores aseguran que Discord busca ensuciar el nombre del foro y destruir su comunidad.

¿Qué significa WallStreetBets para la economía actual?

Aunque parezca imposible pensar que un foro en línea pueda generar un impacto en la economía, es una realidad.

Pues, lo que WallStreetBets logró al apostar por GameStop y elevar su valor en el mercado, fue mandarle un mensaje a Wall Street. Pues, los fondos de inversión de esta bolsa de valores suelen tener una gran ventaja por encima de los inversores minoristas.

Es esto, justamente, el objetivo de la plataforma WallStreetBets es cambiar la forma en que se ha manejado la bolsa de valores hasta ahora. No será la última vez que este grupo de jóvenes inversores cambien el rumbo de los valores en el mercado. Pues, después de GameStop, esta cruzada contra el "stablishmente" de Wall Street se ha movido hacia otras compañías, como la cadena de cines AMC, y el fabricante de software empresarial BlackBerry.

Muchos expertos aseguran que los efectos generados por este foro en la economía son positivos. Pues, manifiestan el poder que la sociedad ha adquirido en los últimos años, digitalizando y globalizando los movimientos y sacudiendo bruscamente a los mercados. El sector financiero se ha mantenido rígido y no ha sabido transformarse a medida que la digitalización abarca la mayoría de los espacios, por esto los usuarios han recurrido a las herramientas digitales de este siglo para obtener más influencia que nunca.

Entretenimiento monetizado

Como mencionamos anteriormente, para el creador de este espacio; Jaime Rogozinski, este movimiento de inversiones solo fue una forma de entretenimiento que se salió de sus manos y terminó por beneficiarlo y beneficiar a muchos jóvenes visionarios. Como ya sabemos esto le costó la salida de su propio foro, pero de igual forma consiguió popularidad individualmente. Es considerado una mente brillante e incluso se ha vuelto referencia para otros usuarios.

Para algunos, aunque su estrategia comercial fue algo agresiva no deja de ser el movimiento que más destaca en el mercado. Los miembros del subreddit en su mayoría son comerciantes e inversores jóvenes, los cuales ignoran los riesgos asociados a las prácticas más relevantes al momento de hacer una inversión; por lo que practican las catalogadas también como técnicas de gestión de riesgos.

Esta práctica consiste en desenvolver sus actividades dentro del mercado como si éstas fueran un juego. La popularidad de este método se debe a los llamados "corredores sin comisiones" y al comercio móvil que se realiza en línea. Aunque se tiene la creencia de que esto solo ha beneficiado a un sector del mercado, es todo lo contrario, esta forma de invertir ha contribuido en el crecimiento de las tendencias comerciales.

Es importante aclarar que los miembros de muchos otros foros a menudo consideran que el trading es un alto riesgo, así como también una oportunidad para mejorar y aumentar rápidamente las condiciones financieras de un sector productivo. Ya sea para obtener ingresos adicionales como para conocer nuevos métodos que practicar.

Historia del foro (WallStreetBets)

WallStreetBets es un subreddit que ha dado de qué hablar en los últimos tiempos. Antes de enfocarnos en el desarrollo de lo que significa este espacio, es de suma importancia conocer qué son los subeddit, ¿Cuáles son su objetivos? ¿Qué beneficios ofrecen a los cibernautas? ¿De qué manera estos pueden provocar un impacto social? y muchos otros puntos.

Los subreddit son pequeños foros en línea, dónde se discute, comparte y conversa sobre cualquier tema en general. Hay foros dedicados a deportes, arte, educación, economía, política y mucho más. El principal objetivo de estas comunidades es que usuarios de todas partes del mundo lleguen a este espacio para intercambiar sus ideas y conocimientos sobre un tema en específico. En muchas ocasiones los verdaderos objetivos tras la creación de estos foros, es que los administradores logren guiar en una dirección en específica a sus participantes.

Estos foros no buscan causar un impacto negativo en la sociedad cibernauta y en caso de hacerlo, serían censurados. En muchos casos tampoco es un espacio privado dónde para participar debes pagar una membresía o un derecho de palabra. En realidad uno de sus mayores beneficios es que son gratuitos y puedes participar en ellos de manera anónima.

De que se trata específicamente WallStreetBets

Pues bien, como ya lo mencionamos es un subreddit, el cual trata de discutir sobre las inversiones de las bolsas de valores en Wall Street. La comunidad de apuestas está constituida por una variedad de inversores anónimos, dónde en una que otra ocasión se recomiendan en qué acciones de la bolsa pueden invertir. Algunas de sus funciones son especular qué acciones de la Bolsa de Wall Street se encuentran con debilidades en el mercado.

Este subrredit fue fundado en 2012 por Jaime Rogozinski, de quien hablaremos detalladamente más adelante. Su visión era guiar a jóvenes inversores a que se interesaran en debatir sobre finanzas, dinero y comercio. Tanto el foro como su creador Rogozinski se ubican en Estados Unidos, y éste asegura que en el momento en que fundó el foro nunca imaginó el poder que tendría como comunidad.

Popularidad entre cibernautas

A raíz de que se convirtió en un foro de Internet que revolucionó el mercado financiero, todos se cuestionan ciertas cosas. ¿Es WallStreetBets el más grande espacio que ha revolucionado a la sociedad en los últimos cinco años? O ¿simplemente es otro espacio que se hizo polémico en los últimos tiempos pero no ha dejado, ni piensa dejar algún tipo de precedente para la comunidad comercial?

Claramente es conocido por los usuarios de la plataforma pero a su vez, estos lo comparan con una especie de mente maestra para los comerciantes diarios, ideal también para los jóvenes visionarios que desean invertir en la bolsa de valores. Actualmente WallStreetBets ha causado que la discusión sobre sus acciones se haya trasladado de Reddit a otras principales plataformas de medios de comunicación.

¿WallStreetBets representa un peligro para mercado económico?

Desde que se realizaron las últimas acciones de los jóvenes inversionistas influenciados por este popular foro y su líder, claramente se han visto envuelto en un movimiento que causó gran impacto en el mercado. El mayor temor para esta comunidad es que a nivel mundial sean señalados como manipuladores del mercado.

Esto tendría una repercusión negativa, puesto que en el contexto de los mercados financieros, una manipulación de mercado se trata de una acción para interferir con el desarrollo del mercado libre. Ha habido afirmaciones de que muchos usuarios de la comunidad han obtenido grandes beneficios a través de los consejos que se comparten en WallStreetBets, es decir, que a su vez se ha convertido en una herramienta para que el mercado surja satisfactoriamente.

¿WallStreetBets podría tener consecuencias legales por sus recientes acciones?

En realidad no se tiene claro cuáles son las acciones que enfrentaría esta gran comunidad de cibernautas. Nunca faltarán los portales que afirmen e incluso exageren la información existente. Algunos de estos aseguran que las acciones de la plataforma equivalen a una manipulación del mercado, aunque los usuarios pertenecientes al foro señalan que esto es una falacia, porque todos los movimientos se han realizado desde un foro abierto al público.

¿WallStreetBets corre el riesgo de ser cerrado?

Muchos usuarios del foro se sienten sumamente preocupados de que el foro esté en peligro de ser cerrado por las acciones que éste ha realizado. El primer acontecimiento que provocó que los cibernautas estén alertas sobre este posible riesgo, fue cuando el foro se hizo privado por un breve período. Todo ocurrió una noche, miércoles 27 de enero, muchos foristas estuvieron atentos a que fuera solo una falla y no una acción permanente.

La pregunta que la comunidad se hacía era: ¿Por qué se volvió privado? y la respuesta a esto es que los moderadores no podían controlar todo el contenido que se publicaba en el foro para ese momento. Una vez que Discord limitó sus servicios a WallStreetBets por presunto contenido inapropiado, cada uno de los mediadores del foro lograron que el subreddit fuera privado durante poco más de una hora. Todo esto con el objetivo de evitar que sucediera lo mismo en Reddit.

Objetivos para el futuro

Luego de convertirse en un fenómeno referencial para los pequeños y grandes inversionistas del mercado. ¿Cuáles serán los objetivos que se plantean en WallStreetBets?, es esa una de las incógnitas que a las que la comunidad se enfrenta. ¿Será que una vez acumulado el dinero en empresas que otros consideran a punto de quebrar, se podrá continuar con este nuevo método de inversión?

Gracias a las publicaciones más actuales del foro, al parecer los nuevos jóvenes inversionistas se dirigen a las acciones de Nokia, Blackberry y muchas otras. Es probable que el auge de este popular enfrentamiento se mantenga por un buen tiempo, beneficiando directamente a los usuarios del WallStreetBets. Muchos analistas del mercado han catalogado todo este movimiento de "fenómeno" e incluso les parece algo descabellado que nunca antes había sucedido.

Se cree que el objetivo principal del creador del foro, era que los fondos de inversión además de los corredores de bolsa, perdieran mucho dinero. Esto no ha sido comprobado hasta el momento. De hecho el ex-moderador de WallStreetBets, Jaime Rogozinski, dio a conocer que su idea era entretenerse y que nunca imaginó que lograría tener el impacto que tiene actualmente.

¿Quién es Jaime Rogozinski, el creador de WallStreetBets?

Conoce a Jaime Rogozinski, la mente que se esconde tras una de las más famosas subrredit de la plataforma online Reddit. Hablamos de WallStreetBets y su creador; como mencionamos anteriormente, esta es una pequeña comunidad donde usuarios anónimos pueden hacer inversiones sobre acciones de la bolsa de valores.

En las últimas semanas este foro ha dado mucho de qué hablar, se ha vuelto popular por una serie de polémicas que ha causado y que para muchos es imposible de creer. Es importante que antes de desarrollar la historia de WallStreetBets conozcamos un poco mejor a la mente detrás de su creación.

¿De dónde sale Jartek?

El famoso creador de WallStreetBets, Jaime Rogozinski, bajo el nombre de usuario Jartek, crea un pequeño espacio con el objetivo de que a este lleguen inversores anónimos y jóvenes, los cuales se sintieran en confianza de compartir sus ideas en el área comercial. La principal función del foro era que los usuarios aportaran consejos y recomendaciones para el crecimiento de sus inversiones, en especial para aquellas que corrían con el mayor riesgo de resultar en pérdidas.

Claramente este espacio fue escalando entre los niveles de subrreditt's, tanto que después de ocho años de su creación, se ha convertido en uno de los foros más populares de los últimos años. Su contenido se inclina particularmente al comercio. Se ha vuelto un referente para otros foros de contenido y para comunidades en línea que buscan iniciarse en el tema de la bolsa y el mercado.

Beneficios de su repentina

popularidad

Como creador de una de las más populares subreddit no podía dejar pasar la oportunidad de beneficiarse de la popularidad que su foro había alcanzado en los últimos tiempos; por ello es que decide monetizarlo. Logró consolidarse como el líder de la comunidad por 8 años hasta que en abril de 2020 esto tuvo un cambio radical.

Fue destituido como moderador y las razones de esto se deben a que los usuarios anónimos consideraban que se estaba aprovechando del espacio y su rotunda popularidad en los últimos tiempos para conseguir ingresos para su beneficio personal, incluso llegó a ser señalado por "monetizar el éxito" del foro.

Luego de un tiempo alejado de este espacio, llegó a mencionar en una que otra entrevista que lanzaría un libro donde hablaría y explicaría detalladamente cómo logro impulsar su foro y de qué forma esta herramienta haría que el mundo se reinventara y analizara los nuevos métodos para hacer crecer sus acciones en la bolsas de valores.

¿De qué habla en su libro "How Boomers Made the World's Biggest Casino for Millennials"?

Su nuevo libro que en español lleva por nombre "Cómo los Boomers hicieron del mundo el casino más grande para los Millennials'", explica que la creación de una comunidad conlleva a tener en cuenta una variedad de trucos los cuales causa básicamente que miles de jóvenes se sientan en la necesidad de invertir su dinero en acciones de la bolsa.

Su mayor finalidad era que la comunidad que había creado, en gran medida lograra producir dinero de una forma inmediata y eficaz. Este foro abarcaba temas relacionados al crecimiento económico, en especial se tocaba el tema de utilizar el método de invertir en la bolsa de valores.

Sus métodos para monetizarse en los sitios webs

Al principio su mayor logro objetivo era conseguir que usuarios se unieran a su foro y que participaran, además de que compartieran ideas comerciales para aumentar sus ingresos y obtener resultados positivos con sus inversiones. En muy poco tiempo logró consolidar cerca de 1 millón de inversores que decidieron unirse a su comunidad.

Uno de los métodos que llevó a catapultar su foro a la popularidad fue el sabotear empresas para su beneficio monetario. Algunas veces porque esto era sumamente rentable y en otras ocasiones porque simplemente era de su agrado.

La comunidad que creó poco a poco se dedicó a apostarle a la bolsa de valores; cuyo proceso es algo lento pero el cual es un método seguro que lleva tiempo desarrollándose. Hace muy poco, esta comunidad logró aumentar su fama y prestigio, además de ganarse agrado de los usuarios. Esto, por conseguir aumentar sus ingresos de forma impresionante mientras ayudaban a la recuperación de compañías que se consideraban a punto de quebrar.

Como sus intereses externos le costaron su liderazgo.

Claramente este foro se popularizó entre los muchos subreddits que existen; pues al principio, solo se trataba de un espacio donde se podían encontrar cualquier tipo de métodos para tener un rotundo éxito como empresa o joven visionario, lo hacía una vía de referencia. El factor anonimato es un beneficio del cual gozan los usuarios que comparten sus ideas y experiencias en este foro, lo que causa que sean muchas las personas que se sientan atraídas a curiosear el foro las veces que lo deseen.

Por obvias razón Jaime Rogozinski se ganó rápidamente el agrado de cada uno de los visitantes de WallStreetBets y fue el líder de este espacio por ocho años. Racha que le duró hasta abril del 2020, puesto que los cibernautas por medio de su propio foro decidieron ir en su contra. Estos se pronunciaron negativamente ante la nueva ruta por la cual se estaba dirigiendo la comunidad.

Como individuo le beneficiaba que la comunidad se viera envuelta de polémicas, esto por obvias razones atraería más visitantes, más consumidores e incluso provocaría que la producción de los debates que se realizaban en este espacio aumentaran. Fue destituido como moderador y señalado como ambicioso, pues los usuarios no estuvieron de acuerdo con que monetizara la popularidad y éxito del foro.

¿Es este su final en el mundo de los subrredit's?

Actualmente el ex-líder de WallStreetBets al ser expulsado por su comunidad decidió dar la cara para algunos portales donde expresa que el proceso para invertir y hacer dinero de manera rápida será una tarea para niños.

Básicamente considera que este es un proceso sumamente sencillo y que por ello los jóvenes se encuentran reinventando a cada instante los métodos para hacer crecer sus comercios. Comenta que a pesar de que fue expulsado de su propio foro, son muchos los mensajes que recibe de elogio, donde le hacen saber que que logró hacer historia y convertirse es una inspiración para quienes apenas se están empapando con toda la información referente a las inversiones y a la bolsa de valores.

¿Quién es DeepFuckingValue? El usuario de Reddit que se ha convertido en millonario

Lo que comenzó como un "Trolleo" en un subforo de Reddit terminó motivando a muchísimos usuarios a comprar acciones de la ahora reconocida empresa GameStop, los cuales pusieron a temblar a uno de los fondos de inversión más importantes de Wall Street; Melvin Capital. Esto también llevó a que se confirmara lo que muchos usuarios venían anunciando a manera de crítica en redes sociales y es que las grandes corporaciones o fondos de inversión hacen lo que sea con tal de generar ganancias, no les importa dañar a las pequeñas empresas o a los inversores no tan grandes.

Esto es algo que los usuarios del foro WallStreetBets tienen muy en claro y es una de las principales razones que los motivó a hacer lo que hicieron. El efecto de bola de nieve se fue extendiendo cada vez más y salían nuevos inversores de todos lados, ni siquiera ellos debieron llegar a pesar que tendrían tanto alcance como el que tuvieron. Lo más interesante de todo es que dentro de los 6 millones de usuario que tiene este subforo se encuentra alguien que no podemos dejar de destacar, se le conoce dentro de reddit como DeepFuckingValue.

Se puede decir que este usuario fue la primera persona en anticipar que todo esto podría llegar a ocurrir ya que ha estado adquiriendo acciones de la empresa GameStop desde el año 2019. Su entrada en el foro de reddit fue durante el verano de dicho año y su primer post fue una imagen que tituló "YOLO" en la que mostraba que había invertido 50.000 dólares en acciones de GME, muchos lo tildaron de loco y hasta se burlaron de el por un buen periodo de tiempo. Aun así, este usuario siguió con su estrategia y cada vez adquirió más y más acciones. Es importante aclarar, que a pesar de las fulminantes críticas este usuario ya estaba empezando a ganar algo de dinero con estas primeras acciones, aunque no tanto como el que le esperaba.

Luego de ese primer post pasó un tiempo desaparecido y no fue hasta julio del 2020 cuando volvió a aparecer, nuevamente para hacer un post con una captura de pantalla en la que mostraba el valor de su cartera, la cual costaba tan solo un poco más que la que mostró en la anterior imagen. Otra vez el foro se volcó en su contra y lo llamaron loco por invertir en una empresa que estaba claramente en bancarrota, le dijeron que estaba desperdiciando su dinero y que jamás le ganaría algo a esas acciones. Nuevamente se mantuvo sólido en su estrategia, de hecho, esta vez le respondió a algunos usuarios y les aseguró que no sabían de lo que hablaban y que en el futuro las acciones que había comprado valdrían una muy buena cantidad de dinero ya que tendrían muchísimo movimiento en corto tiempo. En comentarios que hizo luego quedó plasmado que ni siquiera el mismo, que era el más optimista con esta empresa se esperaba una subida tan elevada. Pues, dijo que estas posiblemente llegarían a valer el doble de lo que valían cuando las compró y obviamente ya sabemos que fue mucho más que eso.

Seguía manteniéndose firme porque planteaba que algún fondo de capital se vería atraído por las características de esta compañía y que estas acciones tendrían mucho movimiento. Pronto las cosas empezaron a salir justo como el esperaba ya que a partir del mes de agosto las acciones de GameStop empezaron a aumentar de precio muy considerablemente. De hecho, cuando entró el mes de septiembre ya su cartera tenía un costo mayor al millón y medio de dólares. Lo que por supuesto posteó en el foro de WallStreetBets y lo que antes eran críticas y comentarios malintencionados se convirtieron en halagos y felicitaciones.

Durante el pasar de las semanas sus acciones seguían en una tendencia alcista, a pesar de que el futuro de las mismas era bastante incierto. Pero eso sí, cada vez aumentaban más y más de valor, hasta que llegado mediados de enero se desató la locura dentro del subforo de reddit porque habían descubierto que las predicciones de DeepFuckingValue se habían hecho realidad, el fondo de inversión Melvin Capital había adquirido una enorme cantidad de cortos. Al darse cuenta de esto, los usuarios comenzaron a comprar acciones de GameStop masivamente y siempre la premisa era mantenerlas, nadie debía vender sin importar que precio tenían, para que estas cada vez ganaran más y más valor. Como ya mencionamos antes, la idea principal de esto era trolear al gran fondo de inversión y hacer que perdiera la mayor cantidad de dinero posible al momento en el que tuviera que devolver las acciones en corto que habían pedido.

Unos pocos días después el usuario DeepFuckingValue ya era un verdadero millonario, por lo que decidió vender una pequeña parte de sus acciones para asegurar algo de ganancia y siguió manteniendo la gran mayoría de estas, las cuales a día de hoy valen más de 48 millones de dólares. Es impresionante que este usuario se haya convertido en todo un ícono en reddit y no precisamente por todo el dinero que ganó, sino porque decidió seguir manteniendo la mayor cantidad de acciones posibles aun cuando ya se había resuelto la vida.

Desde entonces ha sido cada vez más activo en el foro y casi a diario publica el costo de su cartera de inversión e intenta motivar lo máximo posible a todo el resto de inversores para que aun no vendan sus acciones. Con cada nueva publicación que hace se gana cada vez más comentarios y halagos por parte de la comunidad, este es sin duda uno de los personajes clave dentro de esta pequeña revolución que hemos vivido dentro del mundo de internet en estos últimos días. Nadie sabe hasta cuándo podrán perdurar estos usuarios con su estrategia de mantener las acciones de GameStop, lo cierto es que lo que han hecho es digno de una película de Hollywood.

GameStop

Antes de explicar todo lo relacionado a la más reciente polémica que involucra a este foro y GameStop, es importante conocer más sobre esta empresa. Es sumamente interesante entender de qué forma se desarrollan los eventos que involucran a esta compañía actualmente, así como lo que logró anteriormente y hacia donde se dirige al tener de vuelta su antigua popularidad.

Muchos son los usuarios que apenas se enteran de la existencia de esta empresa y en gran parte eso se debe al foro de Reddit "WallStreetBets". Podría decirse que su regreso es gracias a esta plataforma en línea, pero de esto hablaremos mucho más adelante.

¿Qué es GameStop?

Esta es una tienda que se especializa en juegos, es decir, realiza ventas de consolas, videojuegos y una amplia variedad de productos electrónicos. Desde los más modernos, los más populares y los que alguna vez lograron causar un impacto en el mundo de los gamers. GameStop es conocida como una cadena de pequeñas tiendas físicas en toda Norteamérica, algunos países de Europa y muchos otros países; ubicándose en avenidas y centros comerciales.

Esta fue fundada en el año 1991 y su propietario actual es la empresa de capital abierto, Barnes & Noble. GameStop se considera una familia global que se hace cargo de marcas minoristas claramente relacionadas o especializadas con la tecnología. Buscan promocionar productos del mercado, desde los más populares hasta los más nuevos y menos conocidos. En muchos casos busca hacerle eco a los videojuegos o consolas más asequibles y sencillas.

Desde el 30 de enero de 2016, esta red minorista conocida bajo la marca de "GameStop" posee 7,117 tiendas que operan única y exclusivamente en Estados Unidos, Australia, Canadá y Europa. La tienda principalmente se encarga de promocionar segmentos de marcas de videojuegos, lo cual consiste en dedicarse a las ventas de sistemas, software y accesorios para videojuegos a sean nuevos o usados.

¿Cómo lograron impulsarse?

Siendo una tienda que se encarga de promocionar marcas de videojuegos, vender una variedad de productos digitales equivale a tener por seguro distinción en los clientes, lo que quiere decir que no se estaban dirigiendo a un solo género en cuanto a juegos electrónicos se trata. Cuando deciden incluir a sus servicios, contenido descargable, se impulsó notoriamente en el mercado de las empresas abiertas.

Una vez que se consolidan como tienda ofrecen una variedad de nuevos productos como: tarjetas de puntos de red, tarjetas de suscripción prepagas digitales, software descargable digitalmente. También promocionan cientos de ciertos productos electrónicos móviles. Como tienda física, se hizo notoria gracias a las continuas visitas de muchos coleccionistas y de consumidores de contenidos antiguos por lo que iniciaron también las ventas de productos coleccionables.

Su actual estrategia para mantenerse en el mercado

Durante los años de labor se encontró en un viaje inestable de subidas y bajadas, es decir, su valor ha variado constantemente y han pasado de ser minorista a ser una tienda que se especializa en una cantidad exorbitante de productos de videojuegos físicos. Como mencionamos anteriormente, es una familia integrada por muchas marcas minoristas que buscan vender tecnología y productos populares en cada una de sus tiendas físicas.

Una de sus mayores estrategias es seguir expandiendo el negocio pero a un nivel global y que nuevas marcas minoristas especializadas de otras partes del mundo, se integren a su catálogo de productos. También desean aumentar las ventas de productos digitales; lo cual está sucediendo gracias a su actual polémica.

Planes para un futuro

En pleno éxito, muchos de sus objetivos no han cambiado del todo, saben que el camino más seguro para ellos es el de extender sus competencias básicas (es decir, sus productos más populares) a una plataforma digital; esta se transformaría en una tienda móvil. Claramente continúan buscando muchas otras oportunidades para extender su éxito y beneficiarse de la más reciente polémica.

Asociarse a otros negocios para continuar el crecimiento de la empresa, es otro de sus objetivos. No es plan imposible, pues cuentan con un amplio equipo en la dirección ejecutiva. Están organizados con especialistas que poseen experiencia en el área de marketing. Actualmente su mayor estrategia incluye aumentar la participación de los consumidores, que estos se vean muchos más interesado a comprar los videojuegos y así poder aumentar las ventas digitales.

Beneficios para sus empleados y clientes

Como tienda de videojuegos, brindar un servicio de alto nivel a los clientes no solo es una necesidad, es una obligación. Por esto, se encargan de evaluar, contratar y ubicar a sus empleados más entusiastas en puestos donde la atención al cliente amerite de trabajadores excelentes y eficaces.

Uno de sus requisitos para cumplir labores de asistente al público es tener previos conocimientos sobre muchos de los juegos que se encuentran en la tienda, es por ello que se les brinda una capacitación previa en el área de ventas, en los últimos elementos técnicos y en las funciones de los productos y servicios.

Polémica en la que se encuentra envuelta

Para muchos cibernautas fue una sorpresa enterarse que GameStop se encontraba en medio de una polémica mundial nada más y nada menos que con Wall Street. Nadie se lo podría haber imaginado, las últimas noticias de conocimiento público que se tenían acerca de esta cadena de tiendas para comprar juegos, es que estaba a punto de quebrar.

Esta se ubicaba entre las muchas empresas que corrían el riesgo de cerrar sus puertas definitivamente al público, en medio de tantas dificultades. Principalmente, a causa de la pandemia por covid-19, la productividad de las tiendas físicas se redujo notoriamente. Como muchas famosas cadenas empresariales tuvieron que añadir a sus servicios la posibilidad de realizar ventas por internet pero desafortunadamente esto no tuvo el impacto que se esperaba, las ventas seguían siendo mínimas y se pensaba que, el quiebre de la cadena de juegos electrónicos era una cuestión de tiempo.

Para quienes aún no tienen conocimiento, GameStop es considerada actualmente como el nuevo dolor de cabeza que tiene sacudido a Wall Street. Todo se debe a que pequeños inversionistas tomaron la decisión de invertir en las acciones de la tienda de juegos electrónicos. Es de conocimiento público que la compañía había perdido un estimado de 600 millones de dólares en menos de los últimos 12 meses.

Básicamente lo que ocurre entre GameStop y Wall Street es que una amplia cantidad de fondos de inversiones habían apostado que la cadena de juegos perdería mucho de su valor y se iría a la quiebra. Por ello asumieron una posición en contra esperando beneficiarse de su inminente caída, pero gracias a una cantidad de jóvenes inversores provenientes del foro "WallStreetBets" de Reddit, los cuales compraron acciones de GameStop, lograron catapultar su valor y poner en jaque a los grandes inversores.

La demanda en las acciones hizo que el precio de estas escalara de una manera impresionante, haciendo que todos los fondos que habían invertido su dinero pensando que esta quebraría, pusieran a la venta y compraran acciones de vuelta, esta vez a un precio mucho más elevado, incluso en más de lo que se hubieran imaginado. Eso significa que muchos de los inversionistas de Wall Street perdieron mucho dinero.

¿En que se relaciona Elon Musk con todo esto?

Es imposible no saber de quién hablamos a la hora de nombrar a Elon Musk, pues es uno de los mayores magnates sudafricanos. Elon Musk es un físico, empresario e inventor reconocido por ser cofundador de PayPal y ser director general de Tesla Motors. Este caballero se ha envuelto en una serie de polémicas en los últimos tiempos y claramente, esta no iba a ser la excepción.

Desde la red social Twitter, el reconocido emprendedor hizo un comentario haciendo referencia a GameStop, causando que nuevamente el valor de las acciones de la tienda de juegos aumentara. Su comentario es considerado un método de común uso en el marketing, este consiste en que si una figura pública haga mención o utilice públicamente una marca, este implícitamente estaría recomendando o sugiriendo que la marca de la que hace referencia, es un excelente producto; esto provoca que sus seguidores se sientan interesados por conocer a la marca.

En el caso de Elon Musk, es un emprendedor reconocido mundialmente por las empresas que maneja y por las diversas polémicas en las que se ha visto envuelto, todas entorno a sus inversiones. Al tratarse de una figura como él, muchos de sus seguidores hicieron inversiones en las acciones de la tienda una vez publicó su tweet. Él sugirió que esta era una decisión financiera que provocaría ganancias.

La realidad oculta tras de esta polémica que tiene envuelta a GameStop y a Wall Streep, es que básicamente el foro de reddit "WallStreetBets", sugirió la inversión a las acciones de la tienda de videojuegos solo por entretenimiento, es decir, su creador y ex-líder no realizó un estudio que le asegurará que esto sería un éxito rotundo para el mercado. Es por ello que tanto para los cibernautas seguidores del foro como para los inversores de las bolsas de valores, esto significó un impactante suceso a nivel mundial que tiene conmocionado a muchas personas.

¿Podría GameStop expandirse gracias a esta polémica?

Por ahora es algo imposible afirmar qué sucederá con la tienda de videojuegos, pues tiene muy poco tiempo encabezando lo que sería un gran acontecimiento en el mercado. Mucho se especula sobre lo que será de su futuro. Analistas apuestan que probablemente esta empresa vuelva a recaer y se declare en banca rota.

Recordemos que aún no cesan los casos por Covid-19 y ni hablar de cuándo pueda finalizar la pandemia. Mientras esta situación esté sobre la mesa, es mucha la inestabilidad e incertidumbre a la que se enfrenta esta compañía, así como muchas otras cadenas empresariales.

Los jóvenes inversionista tienen por seguro que las acciones de esta empresa seguirán aumentado pero eso no significa que solo se dedicarán a invertir en ella. Son muchas otras empresas en medio de la inestabilidad, que se vuelven el nuevo rumbo para este grupo de nuevos empresarios. Claramente es el momento de beneficiarse de toda la popularidad que esta polémica produzca pero se debe considerar qué otros pasos seguir para evitar pérdidas.

¿Por qué GameStop?

WallStreetBets y GameStop son dos nombres que han estado en boca de todos actualmente, pues, el revuelo mediático que ha generado la subida de las acciones de la empresa de venta de videojuegos ha sido impresionante. Esta subida, no tiene nada que ver con buenas noticias por parte de la empresa, la cual registró pérdidas de US$795 millones en el año 2019, y que probablemente tuvo más pérdidas aún en el año 2020.

La subida se debe a que esta empresa se encuentra en el centro de una batalla entre los inversores jóvenes de la plataforma WallStreetBets y los operadores tradicionales del mercado de valores estadounidense. Estos inversores minoristas se encargaron de salir a comprar en manada acciones de empresas con fuerte estrés financiero y que posiblemente irían a la bancarrota, tal es el caso de GameStop.

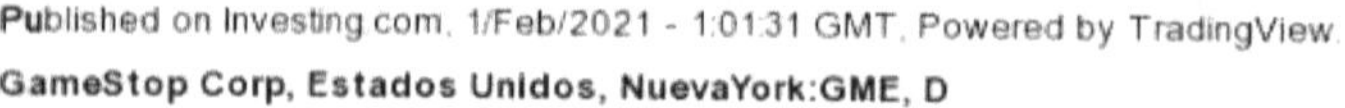

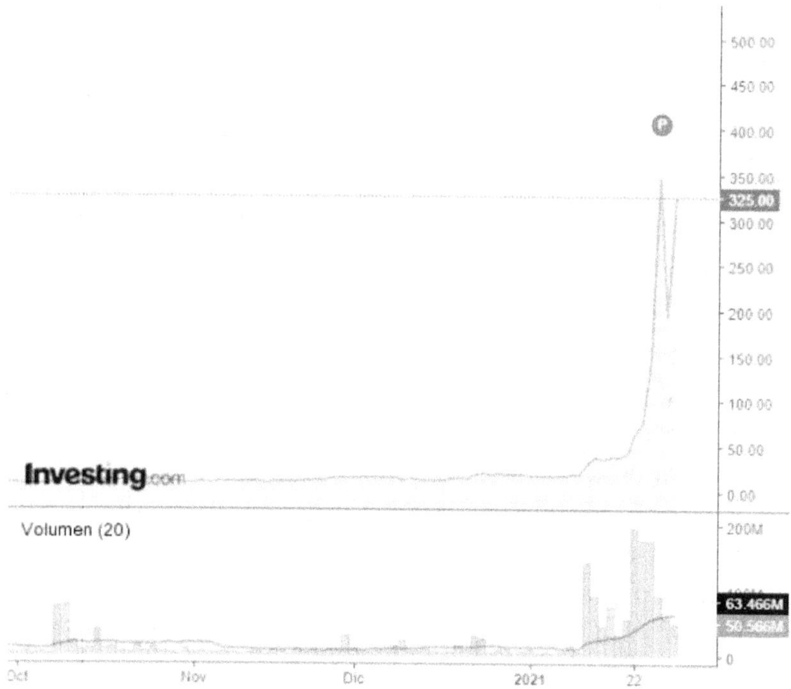

Esta compra masiva de acciones, hizo saltar los "stop" de las posiciones bajistas de los distintos fondos de inversión en Wall Street. De esta forma, a medida que las acciones subía, estos "stop comenzaron a activarse, por lo que causaron que las acciones subieran incluso más, generando ganancias para os inversores minoristas, y grandes pérdidas para los fondos de inversión. Pero, ¿por qué estos inversores eligieron a GameStop para iniciar su cruzada?

El papel que juega GameStop en la batalla contra Wall Street

GameStop es una tienda y un centro de reventa a la vez, incluso es posible alquilar videojuegos. Durante los últimos cuatro años, esta empresa ha llamado la atención de la comunidad gamer alrededor del mundo, a pesar de que esta tienda solo se encuentra en algunos países. Pues, las noticias de su inminente caída del negocio de videojuegos físico, el cual es el rubro bajo el cual esta tienda opera, lograron causar revuelo entre los fanáticos de los videojuegos.

Debido a las pérdidas que registró en los años 2018 y 2019, no es una sorpresa que muchos inversores hayan tomado acciones para sacar provecho de su declive. Pues, el inicio de esta guerra entre WallStreetBets y los fondos de inversiones de Wall Street se debe a que las principales plataformas bursátiles para inversores minoristas impiden su mayor exposición a las acciones que se encuentran en el centro de atención de Wall Street debido al cierre masivo de posiciones cortas. Permitiendo la venta de estas acciones a las posiciones que actualmente se encuentran en cartera de los inversores.

En el caso de GameStop, así como de otras compañías como BlackBerry y AMC Entertainment Holding, se encontraban operando con fuertes bajas, tras las limitaciones impuestas a las plataformas de trading para inversores minoristas. Sin embargo, un grupo de estos inversores en el foro de Reddit WallStreetBets, lograron impulsar las acciones de estas compañías, las cuales mostraban una fuerte apuesta bajista por parte de los fondos de inversión más grandes de WallStreet.

Es por esto, que estos fondos se encuentran enfrentándose a grandes pérdidas, mientras que los inversores "novatos" de redes sociales, han visto en sus manos grandes ganancias al saltar las acciones de esta empresa. GameStop vivió una subida en sus acciones de más del 300% gracias a las apuestas de este grupo de inversores minoristas que comparten sus opiniones y operaciones en línea.

El caso de AMC y BlackBerry

Las acciones de AMC, por ejemplo, subieron en un 301% a los $USD 19.90, causando un efecto parecido como el generado por la subida de las acciones de GameStop. Estos movimientos revolucionarios por el grupo de inversores en línea reunidos en el subreddit WallStreetBets, han logrado causar temblores inesperados en Wall Street, causando un short squeeze en el mercado.

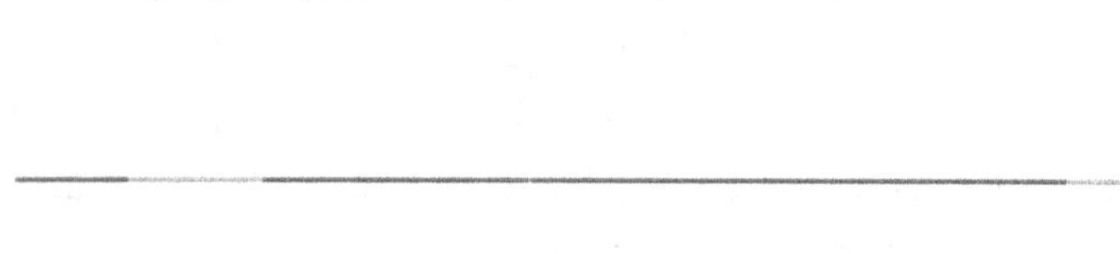

En el caso de BlackBerry, sus accions subieron en un 33%, si bien no es una subida repentina y drástica como en el caso de GameStop o AMC, es una muestra del poder que estos usuarios tienen sobre la economía. Pues han logrado organizarse para que el 99% le quite a ese 1% que tanto poder ha acaparado durante tantos años. Por esto, existen muchos inversores con temor de que esta tendencia vaya más allá de lo ocurrido con GameStop y revolucione por completo la bolsa de valores.

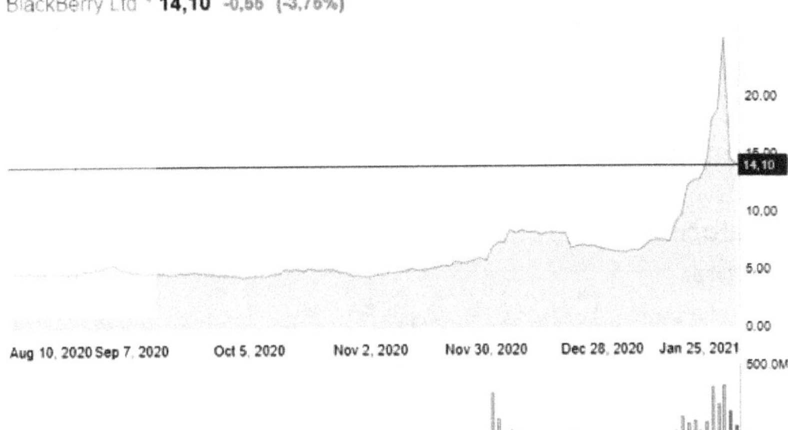

¿Por qué se inició la guerra entre los inversores minoristas y los fondos de inversión?

En los últimos años, la juventud "millennial" se ha enfocado en poner al descubierto el funcionamiento de la economía y cómo siempre salen beneficiados los más poderosos. Esta batalla generacional se puso en evidencia después de los eventos relacionados con WallStreetBets y las acciones de GameStop.

Lo que ocurre actualmente es un campo de batalla cuya clave son las "ventas en corto". En estos casos, un fondo de inversión toma prestadas acciones de una empresa de otros inversores, teniendo en mente, y haciendo la apuesta de que el precio de estas acciones va a caer. Así, el fondo vende las acciones en el mercado, esperan a que su precio caiga y luego las vuelve a comprar. De esta forma, las acciones se devuelven al propietario original, y el fondo obtiene una ganancia.

En el caso de GameStop, se convirtió en la compañía con más acciones en operaciones de venta en corto en Wall Street, pues se estipula que alrededor del 30% de sus acciones se encuentran en las manos de fondos de inversión que las tomaron prestadas. Sin embargo, la compra masiva de acciones por parte del pequeño grupo de inversiones de la plataforma en Reddit, causa un cambio en el rumbo de los eventos.

¿Cómo intervino WallStreetBets en la subida de las acciones de GameStop?

Al comprar sus acciones de forma frenética como lo han hecho, han ocasionado que su precio suba, causando que los grandes operadores del mercado, que apostaban por la caída de los valores, se enfrenten a un aprieto bastante grande. Para evitar pérdidas, los grandes inversores de Wall Street se apresuran por volver al mercado para vender las acciones, considerando la demanda, esto hace subir su precio aún más.

Sin embargo, algunos grandes inversores se niegan a ceder y consideran que la marea cambiará, por esto, mantienen sus acciones de GameStop a precios bastante bajos. Aunque algunos consideran que esta pelea de dos bandos no terminará bien para nadie, otros aseguran que este fenómeno va más allá de GameStop y no será una moda pasajera.

¿Cuál es la motivación de los inversores de WallStreetBets?

Además de ganar dinero, los inversores minoristas del foro WallStreetBets han demostrado que lo que buscan es una redistribución. Pues, al echar un vistazo a los comentarios del foro, podrás darte cuenta que la lucha contra Wall Street es bastante personal, además de ser una batalla generacional que busca "robarle" a los ricos y poderosos, para darle a los "pobres" millennials.

Después de años de que el mercado fuera dominado por unos pocos que mantenían el poder en sus manos y determinaban el curso de los inversores minoristas, hoy en día han logrado darle la vuelta a la balanza. Cambiando la marea y logrando que esos grandes inversores de Wall Street quedaran desconcertados y se vieran obligados a cambiar sus predicciones.

Sin duda alguna, estos eventos supondrán un cambio en la forma en la que se ve el dinero y el uso de las nuevas tecnologías. Pues, no es un secreto que en esta nueva era digital, los mercados se han visto afectados por los avances tecnológicos. Por lo que, esta tendencia podría suponer grandes pérdidas para los fondos financieros más poderosos de Wall Street.

¿Qué es Robinhood y qué tiene que ver en este tema?

Robinhood es una de las tantas plataformas que han ganado popularidad con la entrada de la cuarentena. Gracias al encierro surgieron nuevos negocios y emprendimientos, muchas personas se quedaron sin trabajo y necesitaban obtener ingresos. Pues, algunas de estos usuarios decidieron empezar en el mundo de las inversiones en línea. Justo a esto se dedica Robinhood, es una plataforma en línea en la que cualquier persona mayor de edad puede invertir dinero y comprar acciones.

Esta compañía empezó a entrar en boca de todos puesto

que decidieron bloquear de la nada la compra de acciones de GameStop por parte de pequeños inversores. Es bastante irónico que una compañía que lleva el nombre de un personaje literario que literalmente se dedicaba a quitarles a los ricos para darle a los pobres tome este tipo de medidas. Pues, estas restricciones solo favorecen a los grandes fondos de inversión que estaban perdiendo dinero con sus acciones de GME ya que al haber menos demanda el precio no se sigue disparando.

Fue una decisión que le comunicaron a los usuarios sin mayor tipo de explicaciones, simplemente lo hicieron a través de un comunicado de prensa. Por supuesto, esta restricción llevó a que la subida constante de las acciones de GameStop se viese interrumpida. Más allá de eso, dejaron ver que no son una empresa con ética y muchísimas personas han comenzado a abandonar la plataforma que tanto auge estaba ganando.

La pregunta es ¿Habrá consecuencias para Robinhood?

Pues, las consecuencias ya han comenzado, el público de internet se volcó por completo en su contra y aún hoy siguen recibiendo críticas por redes sociales. De hecho, algunos inversionistas se han organizado he hicieron público que piensan demandar a la compañía de forma colectiva. Ellos plantean que estos pretenden "manipular el mercado en beneficio de algunas instituciones financieras" y de impedir a sus clientes que utilicen la plataforma como corresponde para satisfacer las necesidades de algunos peces gordos. También, a día de hoy el gobierno de los Estados Unidos se ha pronunciado y afirman que están en proceso de investigación. No cabe duda de que el futuro de esta plataforma es incierto y por ahora se avista bastante oscuro.

Oportunidades de Inversión

Aunque muchos expertos aseguran que el caso de GameStop es un caso aislado que, aunque impresionante, no logrará grandes cambios en la manera de hacer negocios en la bolsa de valores. Muchos consideran que estos eventos abren nuevas posibilidades para los inversores minoristas, tanto para hacer dinero, como para generar una declaración contra los inversores bajistas de Wall Street.

Pues, GameStop no ha sido el único objetivo de los usuarios del foro de Reddit, ya que otras compañías como BlackBerry y la cadena de cines AMC, así como Nokia Oyijs se encuentran bajo la mira de estos inversores minoristas. Y aunque GameStop ha sido el campo de batalla principal donde se ha demostrado que los minoristas pueden cambiar el curso de acción y generar pérdida a los fondos de inversión, este es un fenómeno que apenas comienza.

Antecedentes de WallStreetBets

Sin embargo, GameStop no es la primera compañía en beneficiarse de este foro, pues los usuarios de WallStreetBets han logrado alterar todo tipo de valores antes, desde gigantes del renting hasta cadenas de cafeterías chinas. Dentro de esta comunidad, podrás encontrar todo tipo de inversionistas jóvenes, con entusiasmo por unos u otros tipos de compañía. Por lo que, si te interesa el mundo de las inversiones y el stock market, quizás unirte a este foro no sea una mala idea.

En este foro no solo encontrarás información referente a GameStop, sino que, te convertirás en parte de una gran comunidad dedicada a realizar apuestas por inversiones de alto riesgo. Aquí, los usuarios comparten sus éxitos y fracasos en el mundo de las inversiones, y cada vez son más los que brindan consejos y opiniones con el objetivo de ganar dinero.

Las repercusiones que deja WallStreetBets después de GameStop

Aunque la batalla por las acciones de GameStop no se puede dar por concluida, la verdad es que los usuarios de Reddit tienen en mente más que solo sacudir la bolsa de valores estadounidense. Pues, recientemente, se han visto involucrados en la subida del valor de algunas criptomonedas, como la "criptomoneda meme" Dogecoin.

Este activo fue creado en el año 2013 como una broma relacionada con el famoso meme "doge". Su precio pasó de los $USD 0,007 a los $USD 0,043 en tan solo dos días, registrándose una subida del 273%. Esto, debido a la atención que los inversores minoristas de otro foro, denominado SatoshiStreetBets le han brindado a dicha criptomoneda. Inspirados, por supuesto en la estrategia ofensiva de WallStreetBets contra los fondos de inversores más grandes de WallStreet.

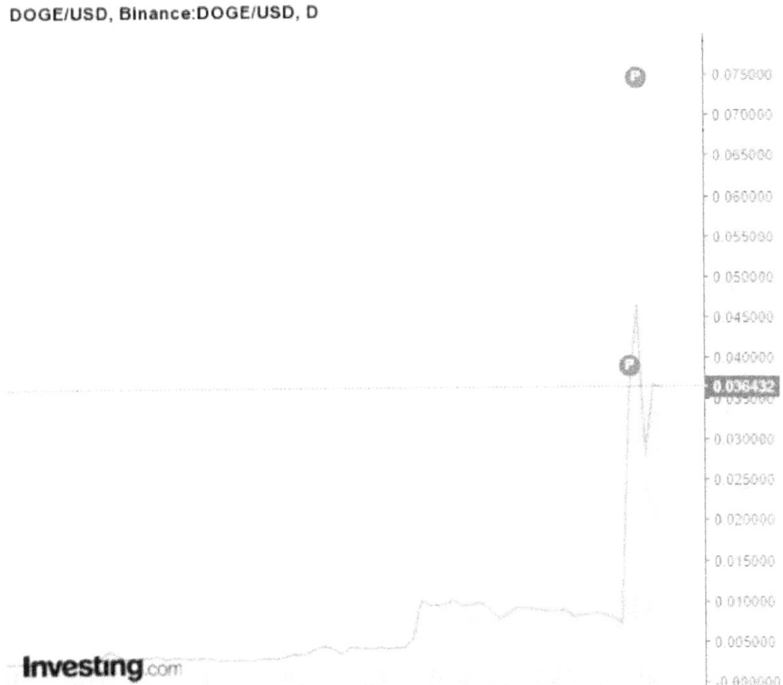

Sin embargo, en este caso, la dinámica cambia, ya que no hay un fondo de inversiones con posiciones en corto, sino que estos usuarios están subiendo el precio de esta criptomoneda con el simple objetivo de ganar dinero. En esto se diferencian de WallStreetBets, cuya batalla tiene que ver más con la redistribución de los fondos y se siente un poco más personal que solo hacer dinero y generar ganancias.

¿Cómo sacarle provecho a la situación de WallStreetBets y GameStop?

El caso de GameStop es una demostración del poder que

la "minoría" puede conseguir al organizarse. Es una declaración contundente sobre el control que realmente tiene el internet y las masas sobre los eventos del día a día. Es por esto, que este foro de Reddit ha crecido en popular de forma exponencial desde el año 2020, y en especial en las últimas semanas después de la subida de las acciones de GameStop.

Este ciclo alcista de GameStop inició cuando, luego de los primeros días de ganancias de los miembros del foro, éstos aplaudían sin cesar la subida y pedían a más usuarios que se uniera. De esta forma, llegó a ser tendencia en Reddit, alcanzando a más inversores que se unieron a la tendencia, logrando posicionar las acciones de esta empresa y de otras por encima del valor que tenían antes.

¿Quieres unirte a este foro y convertirte en un joven inversor?

Durante esta pandemia, el crecimiento de los usuarios suscritos a esta web también fue en alza. Pues, al encontrarse confinados, muchas personas buscaron alternativas para seguir obteniendo ingresos a pesar de la crisis sanitaria que se estaba viviendo. Por esto, si quieres invertir tu dinero con el objetivo de obtener ganancias, unirte a este foro y estudiar las acciones junto a otros entusiastas de este mundo, puede ser una buena forma de ganar dinero en línea.

Además, si eres de los que persigue la notoriedad en línea, debes saber que dentro de Reddit existen beneficios económicos para aquellos usuarios populares. Pues, los usuarios de esta plataforma pueden premiar publicaciones y comentarios a través de medallas virtuales que pueden ser regaladas solo a través de dinero. En el caso de Wall Street

Bets, su publicación más popular, la cual presume de unas ganancias del 992% en el caso GameStop, recibió aproximadamente $USD 765 en premios.

Sin duda alguna, esta forma de hacer negocios ha dejado en evidencia que el sistema financiero actual está perdiendo el control. Pues, ya no son las grandes instituciones quiénes determinan el curso de acción a tomar, hoy en día, los inversores minoristas que por tanto tiempo carecían de control, han tomado el asunto en sus manos, cambiando el rumbo de las operaciones.

¿Qué puede esperarse después de esta polémica?

Una cosa es cierta, tanto en el caso de WallStreetBets con GameStop, como el caso de SatoshiStreetBets con la Dogecoin, algunos expertos aseguran que es una cuestión de tiempo para que estos valores vuelvan a caer. Pues, aunque el fenómeno es bastante impresionante, consideran que este grupo de inversores minoristas no lograrán dar la vuelta al mercado de forma significativa por una gran cantidad de tiempo.

Una de las razones por las que WallStreetBets tuvo tanto éxito y causó tanto revuelo en los medios y en la economía mundial, es debido a la estructura de Reddit y su naturaleza democrática. Pues, en su plataforma, son los usuarios quiénes dictaminan cuál es el mejor contenido, lo cual difiere mucho de los análisis de mercado e informes de Wall Street.

Pero, en ambos casos, se generan ideas comerciales que se multiplican entre los usuarios y participantes del mercado. Aunque, solía subestimarse la capacidad de los usuarios de este foro para producir tendencias en el mundo de las finanzas, ha quedado demostrado que este grupo de inversores pueden convertir la investigación gratuita producida por ellos mismos en enormes tendencias virales que pueden llegar a influenciar el mercado.

Los últimos eventos, suponen una gran victoria para aquellos jóvenes inversores que desde hace un tiempo le han declarado la guerra a la bolsa de valores y a su funcionamiento especulativo. Tomando en sus manos el poder de cambiar la corriente y poner en apuros a los grandes fondos de inversión que, desde siempre, han tenido el poder y se han aprovechado de las empresas en caída.

Solo queda esperar para conocer cuáles serán los resultados de este movimiento a largo plazo, pero sin dudas, esta comunidad ha logrado dejar un impacto en la economía. Este hecho histórico en el cual pequeños inversores lograron cambiar el curso y quitarle algo de poder a Wall Street, causará repercusiones y supondrá una nueva forma de hacer negocios en la actualidad.

¿Qué tipo de repercusiones puede tener el caso de GameStop?

El caso de GameStop es sin duda uno de los eventos más interesantes que han ocurrido desde hace un buen tiempo en internet. Es un ejemplo claro de la lucha entre David contra Goliat, el cual seguro que tendrá grandes repercusiones tanto económicas como sociales. En el ámbito financiero, está claro que el grupo de inversión Melvin Capital perdió una increíble suma de dinero, la cual a día de hoy se estima que pasa de los 4.000 millones de dólares y pudiese seguir aumentando. Además, hay otros muchos inversores que quisieron seguir el juego de este gran fondo de inversionistas y apostaron a que las acciones de GameStop caerían en picada, estos también perdieron grandes cantidades de dinero. Incluso, muchos de ellos quedaron totalmente en quiebra.

Además, otra repercusión económica clara es que ya el mismo grupo WallStreetBets ha declarado que empleará las mismas estrategias con otras compañías como Black-Berry, AMC, incluso criptomonedas como DogeCoin. De hecho, en los últimos días las acciones de estas empresas han empezado a subir bastante de precio. Se viene una pequeña guerra contra los grandes capitales de inversión que no sabemos hasta donde pueda llegar. La cual, tarde o temprano iba a ocurrir, debido a que los fondos de inversión han estado utilizando cada vez más estrategias poco éticas y muy agresivas para ganar dinero sin importarles a cual empresa o a que persona perjudicaban.

A raíz de todo este boom, un usuario de Reddit, del que ya hablamos antes, llamado u/DeepFuckingValue ha generado una verdadera fortuna, esta persona ha estado apostando a invertir en las acciones de GameStop desde el año 2019. De hecho, había subido varias capturas de pantalla de su cartera de inversión al foro de WallStreetBet y mantenía la premisa de que estas iban a subir en algún momento. Durante todo este tiempo ha estado acumulando dichas acciones e incluso a día de hoy lo sigue haciendo, únicamente vendió una pequeña parte para asegurar su ganancia, lo cual es lógico. A pesar de poder salir en cualquier momento sigue haciéndole un llamado a la comunidad de inversores que tienen acciones de GME para que sigan manteniéndolas y el precio no baje. En la actualidad, posee más de 48 millones de dólares en acciones, las cuales compró por un poco más de 700mil, increíble ¿no?

En el ámbito social seguro que también habrán muchas

repercusiones importantes puesto que cada vez son más las personas que se logran dar cuenta de que en realidad si unen fuerzas se pueden enfrentar a los grandes capitales de inversión y sacarle una buena tajada al pastel de la bolsa de valores. Eso sí, para ello deben investigar y especializarse en el tema de las inversiones, no se trata de comprar acciones por comprar, aunque siguiendo las directrices de foros como WallStreetBets podrían lograr algo. No es un misterio que actualmente los grandes fondos de inversión están teniendo cierto nivel de temor, de no ser así no habrían impuesto las nuevas restricciones en la bolsa, las cuales prohíben que los pequeños inversores sigan adquiriendo acciones de ciertas empresas.

Lo más probable es que dichas restricciones terminen trayendo aún más molestia por parte de los usuarios de internet, puesto que se supone que la bolsa de valores es un mercado libre en el que cualquier persona puede invertir a través de un bróker autorizado. Por lo tanto, no es justo que se apliquen restricciones que únicamente benefician a los grandes capitales, pero claro, estas personas siempre han dominado los mercados. Es esta la principal razón de porqué muchas personas están tomando cartas en el asunto.

De hecho, una muy buena parte de los usuarios que decidieron invertir en las acciones de GameStop son jóvenes millenials que llevan un buen tiempo estudiando la disparidad en los mercados, con la cual no están nada contentos. Por esto han decidido presionar y tomar cartas en el asunto, quieren ser escuchados. Además, esto se ha visto ligado a que durante el periodo de cuarentena han surgido nuevas startups que hacen más fácil el proceso de invertir en bolsa y ofrecen a una más amplia cantidad de personas la posibilidad de comprar acciones. Con todo lo que ha acontecido los últimos días seguramente surjan cada vez más y más plataformas de este tipo y muchos más usuarios se verán interesados por este tema.

¿Qué opinan los medios y los famosos sobre el caso de GameStop?

Hasta ahora, los grandes medios han ofrecido unas noticias bastante amarillistas sobre este tema, como era de esperarse. Incluso, ha habido algunos que se refieren a los integrantes del subforo de reddit como "desestabilizadores". Lo cual no puede estar más alejado de la realidad, ya que son inversores como cualquier otro, además de que su dinero vale lo mismo que el de los grandes capitales, aunque no posean las mismas cantidades.

De hecho, la información más verás sobre este tema la han estado ofreciendo los medios más pequeños, han estado siguiendo al pie de la letra cada una de las cosas que suceden alrededor de este caso. No cabe duda de que se ha escuchado sobre esto en todo el mundo y muchísimas personas están muy pendientes de esto. Es por ello que es muy importante intentar corroborar cada información que leemos, no sería de extrañarse que se empezara a manipular información con el fin de favorecer a los grandes capitales, como ya ha ocurrido en el pasado. De hecho, estos están en la posición de poder comprar a casi cualquier medio de comunicación, por lo que hay que estar al pendiente.

Uno de los famosos que se ha hecho presente es el famoso Elon Musk, quien siempre tiene opiniones interesantes sobre los temas de actualidad y las refleja a través de su cuenta de twitter. En este caso colocó en su perfil un tweet bastante corto pero que ha dado mucho de qué hablar. "Gamestonk!!" fue lo único que escribió y fue suficiente para provocar una verdadera reacción en cadena. En la noche del martes al miércoles y con Wall Street cerrado, este señor decidió publicar el mensaje que venía envenenado con un juego de palabras, el cual tiene una curiosa historia detrás.

Pues, dos de los fondos de inversión perjudicados por todo este tema son viejos rivales de Tesla, empresa de la cual es CEO el señor Musk. Estos son nada más y nada menos que Melvin Capital y Citron Research, los cuales perdieron miles de millones de dólares gracias a las acciones de los internautas. Melvin Capital es un fondo buitre que se caracteriza por intentar jugar con las acciones de las empresas mediante operaciones de contracciones en corto, las cuales terminan perjudicando a las compañías. En años anteriores intentaron hacerlo con las acciones de Tesla y desde ahí empezó la rivalidad con el señor Musk.

Por otra parte está Citron Research, un fondo de inversión liderado por Andrew Left, quien años atrás habría demandado a Tesla por, presuntamente, "**manipular el precio de las acciones de la compañía al emitir información materialmente falsa y engañosa**" tras publicar en twitter que Tesla sería privatizada.

Debido a todas estas razones el señor Musk decidió calentar más aun los ánimos y publicar el polémico mensaje, el cual combinaba el nombre de la famosa compañía "GameStop" y la palabra "Stonk" que se utiliza de manera burlista para referirse a una inversión que termina en pérdidas. Tan sólo el día miércoles, luego del polémico tweet las acciones de "GameStop" subieron por encima del 110%.

Además de eso, Elon siguió hablando sobre el tema y el día jueves 28 de 2021 compartió un tweet de la congresista estadounidense Alexandria Ocasio-Cortez, en el cual hacía una potente crítica hacia el bróker online "Robinhood" debido a que este había decidido detener todas las compras de acciones de GameStop. **"Esto es inaceptable. Ahora necesitamos saber más sobre la decisión de Robinhood de impedir que los inversores minoristas compren acciones mientras que los fondos de cobertura pueden negociar libremente con las acciones como mejor les parezca"**, estas fueron las palabras de la diputada mencionada anteriormente a través de twitter. Poco después, Musk decidió citar su tweet y agregar la palabra "Absolutamente", para dos horas más tarde compartir su propia opinión: **"No puedes vender una casa que no posees. No puedes vender un coche que no posees. Pero ¿¡puedes vender una acción que no posees!? Es una estupidez — el comercio bajista es una escoria legítima solo por razones vestigiales"** Señaló el reconocido CEO de Tesla. Sin duda, el señor Elon Musk es otra de las personas que no están de acuerdo con que los grandes fondos financieros manipulen el mercado como mejor les parezca. Una opinión bastante interesante teniendo en cuenta que él es actualmente la persona con más dinero en el mundo.

El caso GameStop: una lección para la élite financiera de Wall Street

Viendo todo lo anterior, es pertinente recalcar que nunca se había tomado acciones en conjunto tan grandes y ambiciosas como las que hizo WallStreetbets a la hora de contraatacar a los peces gordos que se benefician de la bolsa de valores y, darles a lo que ellos mismos consideran como: "Una cucharada de su propia medicina a los boomers." Debido a que, estos inversionistas amateurs señalan que tienen el monopolio más grande actualmente, y que, los millennials son los pobres en este caso.

Al rededor del tema, se ha mostrado en varias ocasiones comentarios que incitan al odio por parte de la comunidad de WallStreetbets, motivo por el cual, la reconocida plataforma Discord tomo cartas en el asunto y consideró cerrar uno de sus espacios. Señalando que, fueron sancionados en innumerables ocasiones por comentarios que propasaban lo que es ético dentro de la plataforma.

Las acciones de la cadena de videojuegos GameStop se han disparado de manera increíble en tan solo tres días, donde podemos observar que: el lunes aumento un 18%; un 93% el martes, y finalmente el miércoles consiguió superar el 130%. Aunque, debemos aclarar que su modelo de negocios ya no es rentable. Debido a que, además de la reciente pandemia que ha impedido la venta de videojuegos, por no ser un producto de primera necesidad, existen muchas otras formas de adquirir videojuegos de manera mas cómoda, ya sea a través de plataformas digitales, mediante un sistema de descargas, o incluso, por medio de compras que traen el juego en físico hasta tu hogar. Esto hace de la sucursal de videojuegos un blanco fácil para todos aquellos que desean invertir en un método de contracciones en corto, ya que suponen, las acciones deberían bajar drásticamente, generando ganancias para el inversionista.

Por este motivo es que las acciones del GME, pasaron a ser objetivo de hedge funds, traders, e inversores que se ven alentados a realizar ventas en corto y conseguir una ganancia mayor. Lo que no se esperaban estos inversores era que el subforo de Reddit estaba al tanto de cada movimiento en el mercado y sabían del interés en concreto que presentaba el grupo de ventas de videojuegos para todas estas personas. Por lo que, con el plan de hacer la mayor broma en la historia de las finanzas, se motivaron a sabotear los planes de todos aquellos que pretendían ganar dinero a costas de las acciones de la empresa de venta de videojuegos.

Todo esto, trajo consigo una increíble cantidad de beneficios para aquellos que lograron participar en el plan maestro de WallStreetbets, ya que estamos hablando de pérdidas de grandes cifras de dinero a aquellos que buscaron realizar ventas en corto, y exorbitantes cifras para los amateurs solitarios de las inversiones. De todos estos factores, surgieron casos donde, en tan solo tres días de este fantástico evento, las personas que participaron renacían como millonarios de las inversiones.

Lo que comenzó como una broma por parte de algunos de los involucrados que se dejaron llevar por la ola de comentarios, terminó en uno de los hitos mas grandes que podemos observar a día de hoy. Y es que, estamos hablando de una fluctuación directa en la bolsa de valores que fue ocasionada por algunas personas amateurs y que, posteriormente, gracias a un efecto bola de nieve, fue creciendo rápidamente hasta no poder ser ignorados. Tanto así, que el mundo tuvo que voltear a ver lo que estaba pasando, y muchos de los grandes políticos o empresarios como Elon Musk, estaban estudiando lo que había ocurrido.

Muchos analíticos de las finanzas han determinado que, en este caso tan particular una buena cantidad de las personas involucradas en las directrices que se dieron a través del subforo WallStreetbets ya contaban con muy buenos conocimientos acerca del comportamiento de la bolsa de valores. Esto se debe a que se han preparado arduamente, han estudiado diariamente los movimientos constantes que se han visto en los últimos años, con respecto a Wall Street, para finalmente elaborar una gran estrategia económica que les permitiera conseguir sus objetivos.

Lo verdaderamente preocupante del asunto, es que se han bloqueado los medios para seguir invirtiendo en GME y otras empresas que hacían de puente para los amateurs, alegando que, debían estudiar la fluctuación en la bolsa de valores. Este factor genero polémica entre todos los activistas en la materia de la economía, ya que señalaban que el mercado debe ser libre y no puede ser restringido o manipulado por los peces gordos a su conveniencia. Debemos recordar en este punto que las ventas en corto son una estrategia riesgosa que pone nuestra inversión en una moneda de dos caras, donde puedes ganar, como perder todo tu dinero. Por esta razón, muchos de los participantes en el foro de Reddit estaban inconformes, porque se supone que sus acciones podrían ser señaladas como uno de los peligros mortales que representan realizar una inversión.

Esta es una lección a tener en cuenta paras las grandes mentes que se encargan de estrategias de inversiones. Ya que, la manera en la que actuó WallStreetbets parece ser un método que muchos de los estudiados y profundizados en el ámbito de la bolsa pasaron por alto. A pesar de que, es algo que un grupo de amateurs pudieron prever y sacarle el máximo provecho. Por su parte, el subforo de Reddit ha señalado otras empresas, las cuales han tenido baja considerable en sus acciones y pueden ser blancos de traders e inversores para realizar esta misma acción nuevamente. Solo queda esperar que se estudie a fondo esta estrategia y se determine claramente como afecta esto al libre comercio y a ricos que buscan realizar contracciones en corto u otro tipo de estrategias poco éticas.

Términos relacionados al mundo de las inversiones

Con el pasar de los años se han ido desarrollando palabras claves que permiten comprender de manera mas concreta y eficaz lo que es el mundo de la bolsa de valores y las inversiones monetarias. Así, como sus estrategias y la diversificación que las comprenden, por esta razón, es de vital importancia entender cada uno de estos términos:

Inversión

Es la estrategia que basa su funcionalidad en mecanismos de ahorro y posicionamiento de capitales con el objetivo de conseguir ganancias, o algún beneficio que permita proteger el patrimonio de una persona o institución. De esta manera, estamos hablando de emplear fondos en una actividad económica o financiera que tiene como propósito adquirir bienes de valor, en lugar de mantener el dinero en nuestras manos. Por lo que, bien empleada, tendríamos como único fin el conseguir una retribución y recuperar el dinero invertido en corto, mediano o largo plazo.

Cuando hablamos de macroeconomía, esta puede considerarse parte de la integración bruta del capital, siendo uno de los factores pertinentes en la constitución del PiB. En cambio, para nuestro caso, se puede señalar que es el empleo de una porción de capital para impulsar algún tipo de actividad económica, con la finalidad de esperar el retorno monetario o proteger nuestro capital ante factores como la inflación.

Acciones

Es una parte del capital de una compañía o empresa. En este caso, toda empresa puede vender acciones e invertir en nuevos proyectos si se llegase a necesitar recursos. Así, una de las formas de conseguir dichos fondos es admitiendo inversionistas capaces de participar e inyectar dinero en la empresa, consiguiendo sus respectivas acciones.

Comprar una acción significa que te conviertes en dueño de una pequeña porción del valor que representa dicha acción en la empresa. Por ejemplo: Si compramos el 10% de las acciones de GameStop, tendríamos las ventajas y los deberes que este 10% de la empresa representa. Así, la empresa se beneficia del capital adquirido, y el accionista puede ganar una mayor suma vendiendo las acciones a un costo más alto.

Corredores de bolsa

También conocido como agente bolsa es una persona jurídica que tiene el deber de asesorar o realizar de forma directa inversiones o transacciones de valores en la mayoría de mercados financieros y comerciales. Este tiene la función principal de dialogar con compradores o vendedores de activos. Por lo que, puede considerarse al agente de bolsas como un puente entre la oferta y la demanda en el mercado de valores.

Dentro de las características mas relevantes de un corredor de bolsas están:

- Es obligatorio tener un perfil natural o jurídico
- Es necesario que un ente regular permita tu autorización para posteriormente operar como corredor de bolsas.
- El agente obtiene una pequeña comisión que puede variar dependiendo de las operaciones rea-

lizadas.

- El corredor de bolsas se encuentra bajo constante supervisión y debe presentar constantemente un informe de los estados financieros, además de un estricto mantenimiento del patrimonio o liquidez.

Bolsa de valores

Esta es una organización publica o privada que se encarga de brindar las facilidades necesarias para que los integrantes que la conforman puedan satisfacer las demandas de sus clientes a la hora de comprar o vender acciones. Al igual, que también se encargan de otra serie de instrumentos de inversiones, como: bonos públicos y privados, títulos de participación, certificados y otra gran variedad de herramientas que solo la bolsa ofrece.

En la gran mayoría de países existe una bolsa de valores que operan de maneras similares, las cuales están constituidas por corredores de bolsas. Estos integrantes poseen un gran conocimiento acerca del mercado y como se mueve, ya que, previamente cumplieron con una rigurosa serie de exigencias.

La bolsa de valores tiene un gran impacto en los países donde se encuentran, ya que permite fortalecer el mercado de capitales, impulsando el desarrollo financiero y económico donde existen. Pudiendo estar en dichos países desde hace siglos.

Traders

Un comerciante o trader es todo aquel inversor que tiene la visión para especular sobre el movimiento del mercado y tomar acciones con la finalidad de obtener beneficios en corto, mediano o largo tiempo. Así, lo usual es que sean trabajadores independientes, pero nunca se escapa la posibilidad de existir aquellos que funcionan para un banco de inversión.

No existe un producto fijo en el que trader deba establecerse, por lo que este puede realizar inversiones, ya sean en contado o de futuro, en: productos de materias primas, derivados organizados, divisas, fondos de inversión, tipos de interés o incluso de renta fija o variable. Por supuesto, siempre dependerá de la experiencia y disponibilidad que posea el trader, ya que finalmente cada mercado financiero es distinto y por lo tanto tiene características únicas que deben ser estudiadas con anticipación antes de una inversión.

Estos definen sus reglas de comportamiento en base a su poder adquisitivo y posteriormente realizan un análisis bursátil donde podrán concluir el nivel de riesgo y ganancia óptimo.

Shorting o short sellling

El shorting o venta en corto es una estrategia de inversión que permite a los traders beneficiarse del declive de un activo. Así, se hace un estudio exhaustivo para determinar que activos pueden llegar a bajar su costo, donde se toman en cuenta muchos factores como el tipo de empresa o sus ventas actuales. Posteriormente, elegida la empresa, el trader se encarga de pedir "prestadas" las acciones, generalmente a un bróker online. De esta manera, antes de las acciones bajar, se venden y se vuelven a comprar a un costo menor para adquirir la diferencia del valor del préstamo y de la compra en ganancia.

Un ejemplo claro para explicar la estrategia de venta en

corto podría ser el siguiente: Supongamos que un amigo tiene unas cartas de beisbol que cuestan 20$, y después de un exhaustivo estudio, determinamos que el valor de dichas cartas bajará. Por ello, le pedimos prestadas sus cartas de 20$ y las vendemos, cuando el precio de la baraja cae en declive, llega a costar 10$, por lo que podemos volver a comprarlas y devolvérselas a su dueño original, quedándonos con una ganancia de 10$.

Por otra parte, como toda inversión, la contracción en corto tiene un riesgo que puede ser perjudicial para el capital del trader, ya que, en caso de subir el valor de las acciones, este tiene que adquirir el producto nuevamente a un precio mayor, lo que llevaría a tener perdidas. De esta forma, estamos hablando de un modelo de inversión donde nuestras ganancias son limitadas, pero nuestras perdidas pueden llegar a ser exorbitantes, hasta el punto de perder millones, como es el caso de los inversionistas que intentaron realizar ventas en corto con las acciones de GameStop.

Short squeeze

Este termino es muy utilizado cuando hablamos de ventas en corto, ya que, se produce cuando el precio de una acción puede tener un pico elevado, obligando a aquellos traders que realizan el shorting a retirarse de sus acciones, vendiendo rápidamente para poder liquidar sus pérdidas. La interrogante es: ¿Cómo pueden liquidar sus acciones antes de tener perdidas? Bien, es muy sencillo, necesitan comprar acciones rápidamente para pagar las que pidieron al prestamista. En este punto, al comprar más acciones, sigue aumentando bruscamente el precio de las acciones, por lo que, si hablamos de un gran grupo de traders realizando esta estrategia de inversión, el precio seguirá subiendo de forma ilimitada.

Cotización

Este termino es usado para hacer referencia a un documento informativo que el departamento de compras de alguna empresa o institución hace uso para entablar una negociación clara y directa. Por lo que estamos hablando de un papel que no tiene el propósito de generar alguna forma de registro contable, simplemente actúa como ancla para establecer el precio justo a un bien o servicio para comprar o vender.

La cotización pretende determinar el valor real de un bien o servicio, que posteriormente se utilizará para conocer cual será el coste de un producto. También puede funcionar de la siguiente forma: Una empresa necesita saber el valor real de 10 ventanas, por lo que lo ideal es pedir la cotización a su proveedor, teniendo como objetivo saber el precio del producto. Es en este punto donde se utiliza el documento informativo que conocemos como cotización, ya que los precios, en la mayoría de productos suelen ser volátiles.

Hedge funds

El término de Hedge Funds o fondo de cobertura tiene muchas definiciones y ninguna universalmente es adoptada como tal. Por lo que estamos hablando de un concepto complejo que puede diferir según el país donde se estudie. Aun así, lo primero a tomar en consideración es que nos estamos refiriendo a un 'vehículo de inversión' con características únicas.

El fondo de cobertura puede ser considerado como un lugar donde se realizan inversiones colectivas, dentro de las formas jurídicas podemos conseguir que el nombre varía, ya sea: fondo de inversión o sociedad.

Por otro lado, una de las características importantes a observar del fondo de cobertura es la libertad de operar. Dicho esto, los hedge funds solamente ofrecen un reglamento y no hay mas limitaciones aparte de este. Lo que permite a muchos traders e inversores utilizar de forma masiva los instrumentos de inversiones y derivados para tomar posiciones cortas mediante préstamos de acciones.

Fondo de inversión

Los fondos de inversión son una organización que se encarga de acumular el dinero de muchos inversores y realizar inversiones en otros activos financieros como acciones o bonos. De esta forma el valor del fondo de inversión dependerá del valor de los activos que posea el fondo. Así, se puede asegurar la evolución del fondo en base al rendimiento de los activos que contiene. Lo importante son las aportaciones de una gran cantidad de inversores que se llevan a un fondo común, por lo que, esta organización permite a los pequeños inversores tener acceso a carteras de inversión gestionadas de forma profesional.

Principalmente, los inversores usan el dinero para comprar participaciones. Así, el dinero se va acumulando en un fondo común, el cual estará administrado por una sociedad gestora. El dinero acumulado será usado para comprar activos financieros en el mercado de valores que posteriormente se depositan en una entidad depositaria.

Las participaciones son representadas en pequeñas porciones de toda la inversión del fondo común. Por lo que, para calcular el monto que le toca a cada individuo, debemos dividir el valor de los activos entre el numero de participantes, esto es lo que se conoce como valor liquidativo.

SEC

La U.S. Securities and Exchange Comissión o Comisión de Bolsa y Valores, es una entidad con la función principal de proteger a los inversionistas y mantener la integridad del mercado de valores. Ya que, estamos hablando de un numero bastante grande de personas que desean ganar ingresos a través de la bolsa. Así, estos tienen la finalidad de encargarse de las empresas bursátiles, manteniéndolas bajo control y señalándoles que están en el deber de revelar toda la información financiera de vital importancia a su disposición. De este modo, los inversionistas pueden acceder a un flujo de datos detallado y preciso que le permitirá ejecutar sus movidas en la bolsa de valores.

La SEC tiene la obligación de supervisar todos los movimientos realizados en el mundo de las bolsas y mercados financieros, así como observar a todos los participantes claves, sin olvidar a los consorcios que controlan las empresas de servicios públicos, bolsas de valores, consejeros de inversiones y fondos mutuos, haciendo valer su jurisdicción y promoviendo la divulgación de información pertinente, en este caso, las leyes y normas. Además de proteger a los inversionistas que interactúan constantemente con las grandes organizaciones e individuos de las bolsas.

Preguntas frecuentes
sobre WallStreetBets

La atención que generó WallStreetBets es motivo para que todas las personas con un mínimo de interés en las noticias del día a día investigaran que había sucedido. Ya que, es uno de los acontecimientos mas grandes que ha sucedido en 2021. Por ello, es normal que se generen preguntas alrededor del tema sobre WallStreetBets, GameStop y la bolsa de valores. Es por ello que intentaré resolver algunas de esas dudas que puedan surgir:

¿Por qué todo el mundo habla de WSB?

El polémico tema que surgió de las acciones que realizo el subforo de Reddit se trasladó desde la plataforma hasta todos los medios de comunicación porque una de sus apuestas mas ambiciosas, relacionada a la empresa minorista de juegos físicos GameStop, terminó causando problemas importantes donde la bolsa de valores de Wall Street tuvo fluctuaciones de gran escala.

Estamos hablando de un fenómeno mundial donde empresas como Melvin Capital Management, que abrieron una enorme operación de ventas en corto en las acciones de GameStop perdieron una suma significativa de dinero. Donde, el motivo principal de esta perdida radica en las acciones que tomaron todos los miembros de WallStreetBets.

Sin dudas es un fenómeno extraño donde no se ha determinado todavía si las acciones por parte del subforo de Reddit pueden considerarse como manipulación de la bolsa de valores. O si, en cambio, estamos hablando de una fantástica estrategia de inversiones que fue pasada por alto, incluso por las mentes mas brillantes expertas en el tema.

¿Esta GameStop inmersa en una burbuja?

Debemos ser conscientes de que la empresa de venta de videojuegos no tiene ningún argumento que pueda sostener su creciente aumento de precio en las acciones que la conforman. Por lo que, en algún momento la realidad se impondrá y estas acciones caerán hasta el fondo, entonces, ¿Qué pasaría con los inversionistas? Ciertamente esta es la encrucijada de una burbuja, salir demasiado rápido de la inversión podría hacerte perder una gran oportunidad de seguir ganando dinero. El problema aparece cuando la burbuja estalla y los precios bajan rápidamente, este factor es el que puede imposibilitar que se sostenga una inversión hasta el último momento.

¿WallStreetBets tiene poder?

Después de su reciente éxito en la estrategia que dejó con perdidas de dinero a empresas de inversiones que poseen capital de millones. Puede que muchos de los inversores minoristas tomen este subforo de Reddit como una santa Biblia, donde deben seguir todas las indicaciones que se realicen para ser partícipes de las siguientes acciones y poder generar sumas de dinero. Sin embargo, no es recomendable definir a WallStreetBets como un sitio que pueda realizar el mismo milagro dos y tres veces, arriesgarse a perder grandes sumas de dinero esperando que estos inversionistas amateurs tengan razón sería descabellado. Por lo que solo se puede esperar a ver como sorprenderán al mundo las grandes mentes que conforman el subforo de Reddit.

¿Por qué WallStreetBets fue prohibido por Discord?

Discord es una aplicación que permite la creación de una plataforma donde pueden participar y publicar contenido miles de personas. En este punto, WallStreetBets, poseía su propio espacio en la aplicación donde se encargaban de subir contenido y actualizar constantemente su tablero. Sin embargo, el 27 de enero, este sitio derivado del sub-foro de Reddit fue cerrado por Discord, expulsándolos por: "Continuar permitiendo contenido discriminatorio y de odio después de repetidas advertencias", comentario que fue liberado en The Verge por Discord.

Algunos de los moderadores de WallStreetBets señalaron que esta prohibición es una injusticia y que las acusaciones sobre los comentarios de los usuarios eran una excusa para eliminar el foro de la plataforma y 'lavarse las manos'.

¿Se cerró el subreddit de WallStreetBets?

Durante un breve periodo de tiempo, el 27 de enero se vió privatizado el subforo de Reddit, debido al increíble flujo de publicaciones que había recibido el espacio. Esto se debía que sus acciones se hicieron virales en todos las redes sociales y medios de comunicación, todas las personas interesadas en el tema se registraron en el sitio y empezaron a congestionar de información el subreddit de WallStreetBets. Por ello, los moderadores se vieron en la necesidad de cerrar el tablero por un corto periodo de tiempo, evitando que se saturaran los espacios y creando nuevas formas de regular las publicaciones de todos los usuarios.

¿Es ilegal el colectivo 'WallStreetBets'?

Las acciones tomadas en conjunto por el subforo de Reddit no han quebrantado ninguna norma o ley, estos simplemente discutían sobre técnicas de inversiones en una comunidad de internet. Pero es necesario tomar en cuenta las acciones que se deben tomar ahora, ya que estos relevaron un punto débil que nadie había considerado de las ventas en corto.

¿Qué aplicaciones usa WallStreetBets?

Los usuarios de WallStreetBets manejan una gran variedad de plataformas de financiación minorista, sin embargo, dentro de todas estas, Robinhood es la más mencionada y la que mayor trafico de usuarios tiene cuando hablamos de este foro.

¿Dónde puedo seguir WallStreetBets?

WallStreetBets nació en Reddit y desde siempre han tenido un hogar en el sitio, pero también puedes seguir sus actualizaciones diariamente en la red social Twitter, los moderadores del subforo poseen una cuenta oficial.

¿SEC tomara consecuencias legales contra WallStreetBets?

No se ha determinado si las acciones de WallStreetBets pueden ser consideradas como un equivalente a la manipulación de la bolsa de valores. Ya que muchas personas han afirmado que esto puede ser considerado como manipulación, sin embargo, existen defensores de los ideales de la plataforma que señalan que toda la información fue debatida en un foro abierto y público, donde cualquiera pudo haber tenido acceso a toda la información referente a la operación. Lo cierto es que no es ilegal discutir sobre inversiones en el mercado de valores en línea.

¿Ha hecho algo malo WallStreetBets?

La realidad es que actualmente no se ha demostrado que WallStreetBets haya tomado acciones turbias que afectaran a la bolsa de valores. Hasta ahora parece el logro de un grupo de inversores que se comunicaba libremente en un foro de Reddit.

WallStreetBets señaló haber detectado un movimiento capaz de contraatacar la venta de acciones en corto de las grandes empresas de inversiones. Por lo que estamos hablando de una estrategia que ni los profesionales financieros habían detectado hasta el momento.

¿Qué opinan los usuarios de WallStreetBets acerca de Melvin Capital y CNBC?

El usuario del subforo de Redddit realizo una carta abierta donde apuntaba al fondo de cobertura de Melvin Capital, y al mismo tiempo a CNBC. Dicha publicación obtuvo una gran atención y señalaba lo siguiente:

- Al dirigirse a Melvin Capital Management: Una empresa que adquiere dinero explotando a otras empresas y manipula los mercado y medios a su favor.
- Refiriéndose a CNBC: Todas las personas afectadas por el colapso del 2008, no solo en WallStreetBets recordaran como defendiste a las empresas que nos arruinaron a muchos de nosotros, intentando derribar a los chicos pequeños de las inversiones. Sé con certeza que recordaré esto.

¿Son las acciones de WallStreetBets una manipulación del mercado?

Lo que es un hecho es que las acciones que tomó WallStreetBets tuvieron un gran impacto en el mercado de las finanzas, pero, no se puede determinar con certeza si puede llamarse manipulación del mercado. Principalmente, se puede definir como manipulación del mercado a una acción deliberada tomada para interferir con el libre mercado.

¿Elon Musk es parte de WallStreetBets?

Elon Musk es un fiel amante de lo que acontece en el mundo de la economía y las finanzas, por lo que es normal para él, estar al tanto de todos los movimientos y fluctuaciones que puedan surgir en las bolsas de valores. Por lo que, al momento de notar lo que estaban haciendo WallStreet-Bets, posteo un tweet el 26 de enero, que decía: "GameS-tonks" haciendo referencia al tono humorístico del sitio, además, añadiendo un link hacia el subforo, donde mas de 40 millones de personas tenían acceso a toda la información de la estrategia del sitio y como esto afectaba a las empresas inversoras. Sin embargo, el CEO de Tesla y activo de las redes sociales no se encuentra afiliado al sitio ni era participe de los planes que se planeaban realizar.

¿Cuánto han ganado los inversores minoristas de WallStreetBets?

Dar una estimación exacta sobre la cantidad de dinero que han ganado cada trader amateur es imposible. Ya que dicha información se encuentra únicamente en su cuenta de corredor. Sin embargo, se ha afirmado que muchos usuarios han obtenido grandes beneficios, debido a los consejos obtenidos en el subforo de Reddit. Aunque, se puede señalar que aquellos que hicieron sus inversiones al principio de toda la operación, habrá visto una ganancia de más del 1000% en su inversión. Lo que también significa que, los vendedores en corto han perdido cifras elevadas de dinero en pocos días.

¿Qué sigue ahora?

Los planes a futuro de WallStreetBets tienen como objetivo otras empresas que están en cifras rojas y sus acciones tienen un precio mínimo, como AMC, Nokia y BlackBerry, por poner algunos ejemplos. Aunque no se ha hablado mucho más en el subforo de Reddit, aunque se ha visto cierto aumento de valores en las acciones de estas empresas.

Lo cierto es que, las acciones tomadas por el subReddit pueden llegar a tener grandes repercusiones en la industria financiera, razón por la que granes mentes del mundo continúan analizando a fondo esta fantástica estrategia de inversiones que WallStreetBets ha realizado. Solamente queda esperar mas información al respecto sobre los planes a futuro, o incluso si tienen algún haz bajo la manga con el que podrán jugar con el mercado y la bolsa de valores.